AF359390

POURQUOI?

COMÉDIE-VAUDEVILLE EN UN ACTE.

POURQUOI?

Comédie-Vaudeville en un acte,

PAR MM. LOCKROY ET ANICET,

REPRÉSENTÉE POUR LA PREMIÈRE FOIS, A PARIS,

SUR LE THÉATRE DU VAUDEVILLE,

LE 14 JUIN 1833.

Prix : 1 fr. 50 c.

PARIS.

J. N. BARBA, LIBRAIRE,

PALAIS-ROYAL, GRANDE COUR, DERRIÈRE LE THÉATRE-FRANÇAIS.

1833

PERSONNAGES.	ACTEURS.

GIRAUDEAU.   MM. Bernard-Léon.
CARPENTIER.   Lepeintre jeune.
JOSEPH, domestique.   Ballard.
MADAME GIRAUDEAU, Louise.   Mlles Brohan.
MADAME CARPENTIER, Hortense.   Adèle-Alphonse.
MARIE, femme de chambre.   Fortunée.

La scène se passe à Paris.

IMPRIMERIE DE E. DUVERGER,
RUE DE VERNEUIL, N° 4.

POURQUOI?

Comédie-vaudeville en un acte.

Le théâtre représente un petit salon élégamment meublé ; une porte au fond conduisant au dehors ; une porte à droite conduisant chez Giraudeau, une porte à gauche conduisant chez Carpentier. Au lever du rideau, Giraudeau, Louise et Hortense sont assis autour d'un guéridon sur lequel était servi le déjeuner. Les deux dames ont repris leur broderie. Giraudeau seul boit et mange encore.

SCENE PREMIERE.

GIRAUDEAU, LOUISE, HORTENSE.

GIRAUDEAU.

Décidément, ma chère madame Carpentier, cette partie de cheval vous ferait plaisir ?

HORTENSE.

Cela m'arrive si rarement !

GIRAUDEAU.

D'où je conclus que l'équitation n'est pas du goût de mon ami Carpentier ?

LOUISE, *riant.*

Ah! ah! ah!... Il doit avoir en effet une singulière tournure à cheval.

GIRAUDEAU.

Pourquoi?... on peut être gros et ramassé, et ne pas manquer de grace. Carpentier court depuis ce matin pour nos affaires de banque ; quand il rentrera, je me charge de lui faire approuver la promenade, et, de plus, je veux qu'il en soit. (*appelant.*) Joseph! (*à sa femme.*) Louise, une tasse de thé ; je la veux de ta jolie main, chère amie... (*appelant.*) Joseph! (*Il paraît.*) Jos.... ah! Joseph! allez tout de suite commander au manège quatre chevaux ; vous direz que vous venez de la part de monsieur Giraudeau... vous demanderez le Conquérant pour Carpentier et la Soubrette pour moi... Vous passerez en même temps chez monsieur de Ferrière, vous lui présenterez mes complimens ; vous lui direz que nous acceptons la partie qu'il

m'a offerte ce matin quand je l'ai rencontré, et que nous serons
à deux heures.. Oh! mon Dieu!... à quel endroit ai-je dit qu'il
nous attendrait?...

HORTENSE.

Devant le carré de Marigny.

GIRAUDEAU.

C'est cela... allez, Joseph... (*se levant et se frottant les mains.*)
Au diable les affaires pour aujourd'hui!... Allons, dépêche-toi,
chère amie, tu ne seras pas prête quand les chevaux arriveront,
et tu sais qu'attendre c'est ma mort... Il faut que je cherche ma
cravache.

LOUISE, *toujours assise.*

En vérité je vous admire.

GIRAUDEAU.

Tiens!... et pourquoi?

LOUISE.

Vous disposez de mon temps, de ma volonté, sans prendre
seulement la peine de me consulter... Ne pouviez-vous me demander s'il me plaisait de faire cette promenade?

GIRAUDEAU.

Tu ne parlais pas... et puis ne t'ai-je pas donné l'été dernier
un habit d'amazone délicieux, que tu vas être enchantée de faire
voir?

LOUISE.

Vous croyez?

GIRAUDEAU.

Il te va si bien! et tu es coquette...

LOUISE.

Moi!...

GIRAUDEAU.

Un peu... un peu, conviens-en.

LOUISE.

Je ne croyais pas mériter ce reproche; mais puisque vous
avez sur mon compte de semblables idées, je refuse positive-
ment de sortir.

HORTENSE, *avec chagrin.*

Oh! ma bonne amie!

GIRAUDEAU.

Comment?... eh bien!... ça ne m'étonne pas... ça devait
être... madame ne m'avait pas encore contrarié de la journée...
A-t-on vu un caprice pareil!...

HORTENSE.

Ma chère Louise, vous êtes trop raisonnable pour vous fâcher
d'un mot... qui n'était pas un reproche, j'en suis sûre... et
puis, il me semble que vous ne pouvez, sans impolitesse, manquer au rendez-vous pris avec monsieur de Ferrière.

GIRAUDEAU.

Non, certainement... Ferrière est un jeune homme charmant... nous allons très souvent chez sa tante ; elle donne ce soir même un bal auquel nous sommes invités tous les quatre... mais madame Giraudeau ne réfléchit à rien.

LOUISE.

Allons, j'ai tort, j'en conviens... c'est beau de ma part... d'ailleurs, ce pauvre monsieur de Ferrière nous attendrait toute la journée...

HORTENSE.

Déjà une heure et demie !

LOUISE.

Il nous faut dix minutes au plus pour notre toilette.

HORTENSE.

Et mon mari qui ne revient pas !

LOUISE.

S'il ne rentre pas à temps, nous partirons sans lui.

(*Elles rentrent en courant*)

SCENE II.

JOSEPH, GIRAUDEAU, *seul d'abord.*

GIRAUDEAU.

C'est ça... nous partirons sans lui... Oh ! elle partirait sans moi, si j'étais seulement en retard d'un quart de minute. C'est fini... elle me traite comme si nous avions vingt ans de mariage : et je ne m'en plaignais pas... non, je me disais : Louise m'aime, j'en suis sûr ; et, après tout, une querelle par ci, par là, c'est le passif de la communauté ; mais depuis que Carpentier est venu loger dans la même maison que moi, depuis que j'ai vu l'intérieur de son ménage, j'ai ouvert les yeux sur l'intérieur du mien.

Air d'*Yelva.*

Chez Carpentier jamais une querelle,
Jamais un mot qui ne soit pas d'amour.
De soins, d'égards, sa femme est un modèle ;
Ils sont d'accord comme le premier jour.
Pour moi la mienne a bien quelque tendresse ;
Son cœur est bon... mais elle aime à bouder,
Et si souvent, qu'à peine elle nous laisse
Le temps de nous raccommoder.

A-t-il eu du bonheur, ce gros boulot-là ! Il n'y avait peut-être qu'une femme au monde capable de l'aimer... crac, il a mis la main dessus. Enfin, Carpentier est mon ami, c'est vrai, mais il n'est pas beau... je dirai plus, il est laid... je dirai mieux, il est très laid. Eh bien! sa femme a l'air de le trouver charmant... on le caresse, on le câline, on le gâte à la journée... Oh! ça m'indigne quand j'y pense : ça me crispe, ça m'exaspère...

JOSEPH, *entrant.*

Monsieur, les quatre chevaux sont dans la cour.

GIRAUDEAU.

C'est bon. Cherche ma cravache. (*à part.*) J'ai les nerfs agacés.

JOSEPH, *la cravache à la main.*

La voilà, monsieur.

GIRAUDEAU.

Donne-la-moi. (*à part.*) Oh! il y a des momens où ma femme me donne envie de battre quelque chose ou quelqu'un.

CARPENTIER, *au dehors.*

Eh bien! faites moi servir à déjeuner au petit salon.

GIRAUDEAU.

Ah! voilà l'homme heureux!

SCENE III.

GIRAUDEAU, CARPENTIER.

CARPENTIER, *entrant.*

Ouf! Joseph! vite une chaise, un fauteuil, un canapé, un tabouret, je n'en peux plus.

GIRAUDEAU.

J'ai cru que tu ne reviendrais pas.

CARPENTIER.

Tu es gentil... je te conseille de te plaindre : le temps m'a paru bien plus long à moi qui trotte à jeun depuis ce matin. Joseph, mon garçon, presse mon déjeuner; mon estomac s'en va.

GIRAUDEAU.

Joseph, allez dire à ces dames qu'on n'attend plus qu'elles. (*Joseph sort.*) Comment! tu vas déjeuner?

CARPENTIER.

Ça t'étonne? je n'ai plus absolument que le souffle; aussi ai-je failli être renversé en traversant la cour... A propos, me diras-tu ce que signifie le rassemblement équestre que j'y ai trouvé?

GIRAUDEAU.

Cela signifie que nous allons faire une promenade et que nous t'attendions pour partir. J'ai fait demander les plus jolis chevaux du manége. Tu monteras le Conquérant : un cheval isabelle magnifique.

CARPENTIER.

Un grand? c'est justement celui qui m'a voulu donner un coup de pied tout à l'heure. Ah! ça, mon ami, tu deviens fou!... est-ce que j'ai l'air d'un écuyer? Tu me connais depuis bientôt 39 ans, et tu sais que dans nos jours de grandes folies, je ne me suis jamais permis que l'âne... et l'âne froid.

GIRAUDEAU.

Cette partie fait grand plaisir à ta femme.

CARPENTIER.

' Ma femme ne prend de plaisir que là où j'en trouve, et tu peux renvoyer les chevaux que tu nous destinais.

GIRAUDEAU.

Tu décides ça tout seul?

CARPENTIER.

Tout seul.

GIRAUDEAU.

Et de ton autorité privée tu refuseras à madame Carpentier...

CARPENTIER.

Je n'aurai pas besoin de refuser : je lui dirai que je reste , elle restera.

GIRAUDEAU.

Gros fat!

AIR *du Charlatanisme.*

Tu me fais rire, en vérité,
Avec ce ton, cette assûrance.

CARPENTIER.

Tu vas voir si ma volonté
Sur ma femme a quelque puissance.

GIRAUDEAU.

Tu crois donc qu'elle cédera?

CARPENTIER.

Ma femme, toujours, et pour cause,
Fait ce que je veux... j'en suis là...

GIRAUDEAU.

La mienne aussi, mais il faut pour cela
Que nous veuillions la même chose.

Ainsi, sur un mot de toi, ta femme va renoncer...

CARPENTIER.

Mais oui.

GIRAUDEAU.

Sans querelle, sans observations?

CARPENTIER.

Pas la moindre.

GIRAUDEAU.

Tu crois cela ?

CARPENTIER.

Je fais plus, j'en suis sûr.

GIRAUDEAU.

A-t-il une confiance ?

CARPENTIER.

Voilà ce que c'est que d'être aimé, mon cher ; et je le suis.

GIRAUDEAU.

Ça n'est pas possible.

CARPENTIER.

Hein ?

GIRAUDEAU.

Non, elle ne cédera pas.

CARPENTIER.

La voilà ; tu vas voir. Il faut que cela soit comme ça.

SCÈNE IV.

LES MÊMES, HORTENSE.

HORTENSE, en amazone.

Bonjour, mon ami ; de mon appartement j'ai entendu votre voix ; vous êtes parti de si bonne heure ce matin...

CARPENTIER.

Que je ne t'ai pas embrassée. (*Il l'embrasse.*) Oh ! oh ! où vas-tu donc dans cet équipage ?

HORTENSE.

Louise et son mari m'ont proposé tantôt...

CARPENTIER.

Une partie de cheval ; oui, on vient de me le dire ; mais il me semble qu'avant de consentir tu aurais dû attendre mon retour.

GIRAUDEAU.

Parbleu ! voyez donc le grand mal.

CARPENTIER.

Hortense sait que j'éprouve peu d'agrément à cheval ; mais elle a fait des frais de toilette, et je ne l'empêche pas d'aller avec Louise et son mari.

HORTENSE, avec joie.

Oh ! merci.

GIRAUDEAU.

J'aurais bien voulu qu'il refusât.

CARPENTIER.

Pour moi, qui vais rester seul ici, il est à craindre que je m'ennuie beaucoup; enfin (*à sa femme.*) tu as pensé à ton plaisir d'abord, c'est tout naturel ; mais qui diable a eu l'idée de cette cavalcade ?

GIRAUDEAU.

Parbleu ! c'est moi ; il est vrai que je n'y aurais jamais pensé sans monsieur de...

HORTENSE , *vivement.*

N'en parlons plus , mon ami. (*Elle ôte ses gants et son chapeau.*)

GIRAUDEAU.

Eh bien ? qu'est-ce que vous faites donc ?

HORTENSE.

Mon mari vient de me faire sentir combien il était peu convenable de le quitter ainsi ; je n'userai pas de la permission qu'il m'accordait.

Air : Vaudev. *de la Famille de l'Apothicaire.*

Pour vous je renonce à sortir ;
Voyons... M'en voulez-vous encore?

CARPENTIER , *triomphant.*

Hein ?... sais-je me faire obéir?

GIRAUDEAU.

C'est effrayant comme on l'adore !

CARPENTIER , *à son ami.*

Tu le vois, elle restera.

(*à sa femme.*)

Viens, ma mignonne, ma chère ame!...

(*Il l'embrasse.*)

GIRAUDEAU , *à part.*

Pour être aimé comme cela
Qu'a-t-il donc pu faire à sa femme?...

HORTENSE , *à Giraudeau.*

Je vais me débarrasser de ce costume. Excusez-moi auprès de Louise.

CARPENTIER.

Presse mon déjeuner, mignonne.

HORTENSE , *à part , en sortant.*

J'aurais été si heureuse ! (*Elle sort ; Giraudeau regarde Carpentier qui se balance fièrement.*)

SCENE V.

CARPENTIER, GIRAUDEAU, *puis* JOSEPH.

CARPENTIER.

Tu as l'air étonné, cher ami!

GIRAUDEAU.

Il faut que tu sois sorcier pour t'être fait aimer de cette force-là.

CARPENTIER.

Je suis aimable, voilà tout.

GIRAUDEAU.

Laisse-moi donc tranquille, mauvais plaisant. Allons, je ne veux plus penser à ton bonheur, car je me trouverais le plus malheureux des hommes... Tiens, décidément, je n'irai pas non plus au bois, ça arrangera Louise qui n'y venait que par complaisance.

CARPENTIER, *voyant entrer Joseph qui apporte un plateau.*

Ah! voilà mon déjeuner enfin!

GIRAUDEAU.

Joseph!

JOSEPH.

Monsieur?

GIRAUDEAU.

Vous allez reconduire les chevaux au manége; nous ne sortons pas.

SCENE VI.

LES MÊMES, LOUISE, *en amazone.*

LOUISE.

Comment! nous ne sortons pas?

GIRAUDEAU.

Non, mon amie : j'ai changé d'idée.

LOUISE.

Pourquoi? voilà monsieur Carpentier.

GIRAUDEAU.

Oui, mais il est fort occupé; il ne se soucie pas de monter à cheval; enfin, il reste avec sa femme, je ne vois guère maintenant la nécessité de sortir.

LOUISE.

Je ne vois pas non plus la nécessité de rester.

GIRAUDEAU.

Je te répète que Carpentier ne veut pas venir : et je désire, entends-tu ? je désire qu'il ne soit plus question de cette promenade. Joseph, faites ce que je vous ai dit.

LOUISE.

Joseph ! un instant...

GIRAUDEAU.

Qu'est-ce que c'est ?

LOUISE.

Ce matin, je ne pensais pas à cette promenade, moi ; elle me déplaisait même : maintenant que j'ai pris mon parti, que je me suis habillée, vous voulez rester ? mon cher ami, vous n'avez pas d'indulgence pour votre femme quand elle se permet ce que vous appelez des caprices, et certes elle ne vous passera pas celui-là. Je vous déclare donc qu'il faut que cette partie ait lieu maintenant.

GIRAUDEAU, *à part.*

C'est cela : voilà comme on me répond à moi, et au lieu de sentir son bonheur, il mange lui, là bas.

CARPENTIER.

Eh bien ! qu'est-ce que vous décidez ?

LOUISE.

Mon ami, Joseph attend : je n'ai pas d'ordre à donner à votre domestique ; mais j'ai cédé ce matin, et c'est à votre tour.

GIRAUDEAU.

Au fait, elle a cédé ce matin, il ne faut pas trop lui en demander en un jour. Ce n'est pas chez moi comme chez Carpentier.

LOUISE.

Vous savez d'ailleurs qu'on nous attend.

GIRAUDEAU.

C'est juste : tu ne savais pas ça, Carpentier, on nous attend. Joseph, vous ne reconduirez que deux chevaux au manége.

LOUISE.

A la bonne heure ! n'ayez plus de ces caprices-là, monsieur, et embrassez-moi.

GIRAUDEAU, *l'embrassant.*

Chère petite femme, va ! (*à part.*) C'est égal, il est bien plus heureux que moi !

LOUISE.

Allons, partons.

AIR : *Si l'or est une chimère.*

Mon cher, de ta complaisance
Mon cœur est reconnaissant :
Mais partons : l'heure s'avance,
Et là-bas on nous attend.

GIRAUDEAU.

Quand ma femme supplie,

Je veux d'abord lui résister ;

Mais elle est si jolie

Qu'elle sait toujours l'emporter.

Allons : de ma complaisance ,

Son cœur est reconnaissant , etc

CARPENTIER.

Mon cher de ta complaisance

Son cœur est reconnaissant :

Mais partez : etc.

LOUISE.

Mon cher, de ta complaisance, etc.

(Elle sort avec son mari ; Hortense, qui est entrée sur la fin du morceau avec son premier costume, les regarde tristement partir.)

SCENE VII.

CARPENTIER, HORTENSE.

HORTENSE , *avec un soupir.*

Les voilà qui partent !...

CARPENTIER.

Je leur souhaite bien du plaisir ; mon ami Giraudeau fera plus d'une grimace en se mettant à table tantôt. Voyons, es-tu fâchée d'être restée ?

HORTENSE.

Vous savez bien qu'à toutes choses je préfère être auprès de vous. Pour moi, n'est-ce pas un devoir... *(plus bas.)* un plaisir ?...

CARPENTIER, *qui mange avec beaucoup d'appétit pendant que sa femme est debout.*

Au fait, je te le demande, ne sommes-nous pas aussi bien ici dans un bon fauteuil et devant un excellent déjeuner, qu'au bois de Boulogne, exposés à... Hein !... est-ce que tu ne m'entends pas ?

HORTENSE, *sortant tout à coup de ses réflexions.*

Sans doute... je ne sais ce qui m'avait pu mettre en tête cette fantaisie.

CARPENTIER.

Dis-moi, Hortense : qui donc attend Giraudeau là-bas ?

HORTENSE.

Mon ami, vous causez beaucoup trop, car vous ne mangez plus.

CARPENTIER.

C'est vrai, je ne mange plus : je crois que c'est parce que j'ai soif.

HORTENSE, *s'empressant de le servir.*

Attendez: ne buvez pas de ce vin; voilà du beaune que vous aimez tant.

CARPENTIER.

J'avoue que j'ai un faible pour le beaune.

HORTENSE.

Je ne veux plus qu'on vous en serve d'autre.

CARPENTIER, *pendant qu'elle lui verse à boire.*

Si Giraudeau nous voyait, c'est pour le coup qu'il me croirait sorcier... Je suis aimé, voilà tout : n'est-ce pas, mignonne? (*Il veut lui prendre la main pour l'attirer vers lui.*)

HORTENSE.

Mon Dieu! que votre main est froide!... et Joseph qui n'a point fait de feu!... Je vais sonner.

CARPENTIER.

C'est inutile... ça m'amuse, moi, d'être en tête-à-tête... Donne-moi encore du beaune.

HORTENSE.

Mon ami, vous allez vous faire mal.

CARPENTIER.

Non : ça donne des idées, ça rend plus aimable... Allons, embrasse ton petit mari.

HORTENSE, *sans l'approcher.*

Voulez-vous que je touche du piano? j'ai là un nouveau morceau de Hertz.

CARPENTIER.

Non : la musique me fait un drôle d'effet... ça m'assoupit, et je ne suis pas en train de dormir... j'aime mieux causer.

HORTENSE, *allant s'asseoir de l'autre côté du théâtre et prenant*
sa broderie.

Eh bien! causons, mon ami.

CARPENTIER.

Ne va donc pas si loin. (*Il veut se lever.*) C'est drôle, j'ai des lassitudes dans les jambes.

HORTENSE, *se levant.*

Souffrez-vous?... tenez... (*Elle place un petit tabouret devant lui.*) Ces domestiques n'ont aucun soin, je les gronderai.

CARPENTIER, *allongeant ses jambes.*

Me voilà comme un petit chérubin... Je gage qu'à l'heure qu'il est Giraudeau n'est pas si à son aise que moi... Ah! en parlant de Giraudeau, dis-moi donc le nom de la personne qui doit lui faire compagnie.

HORTENSE.

C'est, je crois, M. de Ferrière.

CARPENTIER.

Ah! un ami des Giraudeau... C'est le neveu de ta marraine,
madame de Ferrière, chez laquelle tu vas si souvent... Il est
charmant ce jeune homme; il me fait toutes sortes d'amitiés
quand je le rencontre chez sa tante ou chez Giraudeau. Ah!
çà, mais pourquoi ne vient-il jamais chez nous...

HORTENSE.

Ce n'était pas à moi à l'inviter... puis vos affaires vous tien-
nent si long-temps éloigné... je suis si souvent seule.

CARPENTIER.

Sans doute : tu ne veux pas qu'il paraisse venir pour toi ;
c'est très bien : voilà de la convenance... de la délicatesse...
du tact... Ah! Giraudeau a raison... je suis un mortel bien
heureux. S'il était là, il me demanderait encore pourquoi.

SCENE VIII.

LES MÊMES, JOSEPH, *puis* LOUISE, GIRAUDEAU. (*Joseph
entre tout effaré.*)

JOSEPH.

Ah! monsieur Carpentier! madame!... si vous saviez...

HORTENSE.

Qu'y a-t-il ?

JOSEPH.

Mon pauvre maître !... débarrassons vite le canapé.

CARPENTIER.

Comment!... est-ce qu'il est arrivé quelque chose à Giraudeau ?

JOSEPH.

Il est tombé de cheval tout de son haut.

HORTENSE.

Ah! mon Dieu!

CARPENTIER.

Quel événement!... j'ai joliment bien fait de rester ici...
Mon pauvre Giraudeau! où est-il ? (*Giraudeau paraît au fond,
soutenu par Louise.*)

GIRAUDEAU, *d'une voix affaiblie.*

AIR : *Doux moment.*

Me voilà !... me voilà !...

CARPENTIER, *effrayé.*

Grand Dieu! quelle figure!

G RAUDEAU.

Quelle triste aventure !

LOUISE.

Vite, plaçons-le là...

CARPENTIER.

As-tu, mon cher, quelque fracture?

GIRAUDEAU.

Je ne m'en suis pas occupé...

LOUISE.

Parle plus bas, je t'en conjure.

Es-tu mieux sur ce canapé?.,.

GIRAUDEAU.

Des oreillers!...

LOUISE.

On en apprête...

GIRAUDEAU.

Ah! des oreillers avant tout!

Des oreillers!... j'en veux partout!

CARPENTIER.

Il n'est pas tombé sur la tête! *(bis.)*

CARPENTIER, *rassuré.*

(*à part.*) Ah! mon Dieu! ça m'a troublé ma digestion... j'ai un poids terrible sur l'estomac... Hortense, fais-moi un verre d'eau sucrée. (*Hortense le lui prépare.*)

LOUISE, *à son mari.*

Eh bien! mon ami, comment te trouves-tu?

GIRAUDEAU.

Un peu mieux.

HORTENSE, *à Louise.*

Comme vous êtes pâle!

LOUISE.

Oh! cela ne sera rien... mais il m'a fait une frayeur!... (*Elle donne à Giraudeau le verre d'eau qu'Hortense avait préparé pour son mari.*) Je vous remercie.

CARPENTIER, *qui a vu cela.*

Ah! c'était pour moi; mais c'est égal. (*à Giraudeau.*) Tu auras voulu faire le brillant.

GIRAUDEAU.

Pas du tout... je m'en allais fort tranquillement dans notre rue: je causais avec Louise; je marchais de confiance, la main sur la cuisse et les pieds en l'air, quand un maudit caniche, à qui la figure de mon cheval déplaisait apparemment, se met à sauter, courir et japper après lui : la Soubrette perd patience; elle attend sa belle, et quand elle croit le chien à portée, elle luilanceune ruade... oh!... mais une ruade...

CARPENTIER.

Qui a tué l'infortuné caniche ?

GIRAUDEAU.

Du tout... c'est moi qui l'ai tué.

CARPENTIER.

Toi ?

GIRAUDEAU.

Eh oui !... la ruade m'avait envoyé en plein sur lui : l'animal, pressé entre le pavé et moi, n'a jeté qu'un cri.

LOUISE.

Il me semble que tu es un peu remis.

GIRAUDEAU.

Oui, un peu... oh ! j'aime mieux être debout. (*Il se lève.*)

HORTENSE, *à Louise.*

Ce n'est rien, ma chère amie.

GIRAUDEAU.

Pauvre petite femme ! elle était plus tremblante que moi.

LOUISE, *souriant.*

Oh ! plus tremblante... je ne sais pas. Maintenant que le danger est passé, nous pouvons le dire, mon cher ami : vous avez eu une peur... et puis vous êtes tombé d'une manière si singulière !

GIRAUDEAU.

Je suis tombé assis.

CARPENTIER.

Ah ! pauvre ami !

LOUISE.

Je conçois que les gens qui étaient là, et qui ne prenaient pas à votre position le même intérêt que moi...

CARPENTIER.

Oui, ils devaient rire.

LOUISE, *se retenant de rire.*

C'est que... c'était drôle... Ah ! ah !

GIRAUDEAU.

Eh bien ! madame Giraudeau ?

LOUISE.

J'ai tort ; mais à présent je pense malgré moi... Ah ! ah !

GIRAUDEAU.

A-t on jamais vu ça ?... je manque de me tuer pour vous être agréable... et vous...

LOUISE.

Ne te fâche pas, mon ami. Ah ! ah !

GIRAUDEAU.

Louise, finissons ; ces plaisanteries-là me déplaisent.

CARPENTIER, *riant aussi.*

Au fait, je me représente Giraudeau, assis au milieu de la rue sur un caniche.

GIRAUDEAU.

Comment ! toi aussi ?...

CARPENTIER.

Ah! ma foi, c'est ta femme qui m'a mis en train. (*riant.*) Ah! ah! ah! ah!

GIRAUDEAU.

De sa part, c'est cent fois plus inconvenant encore... Ces ri-res-là partent d'un mauvais cœur.

LOUISE.

Ah! mon ami !

GIRAUDEAU.

Oui, madame... je le répète, d'un mauvais cœur.

LOUISE.

Ah! ce que vous dites là est affreux !... et je devrais me fâ-cher sérieusement de... mais je ne le peux pas... (*riant.*) Ah! ah! ah! ah! mon Dieu, que ça fait mal de rire comme ça !

GIRAUDEAU.

Madame, la patience va me manquer.

LOUISÈ.

Et moi la force... ah! ah! ah! ah! je rentre... là... je m'en vais pour ne pas vous déplaire... ne vous fâchez pas, c'est malgré moi... C'est égal, vous avez un bien mauvais caractère... et une autre fois je... ah! ah! ah! ah! (*Elle rentre en riant aux larmes.*)

SCENE IX.

GIRAUDEAU, CARPENTIER, HORTENSE.

GIRAUDEAU.

Eh bien! qu'en dites-vous ?

CARPENTIER, riant.

Ah! ah! ah!... elle m'a donné envie de rire...

GIRAUDEAU.

C'est révoltant! c'est abominable!...

HORTENSE.

Monsieur Giraudeau...

GIRAUDEAU.

Eh! madame, je voudrais bien savoir, dans le cas où un pa-reil malheur arriverait à Carpentier, si vous auriez cet accès de gaîté?

CARPENTIER.

Je me plais à croire que non.

HORTENSE.

Mais Louise est bonne; elle vous aime... c'est un mouvement nerveux dont elle n'a pas été maîtresse, un fou rire qu'on ne peut contenir.

GIRAUDEAU.

Sait-elle quelles suit espeut avoir cet accident?

HORTENSE.

Aucunes qui soient à craindre, convenez-en. Allons, je vous amènerai Louise, vous l'embrasserez et tout sera fini, n'est-ce pas?

MARIE, *entrant.*

Madame prie madame Carpentier de passer chez elle.

HORTENSE.

Vous le voyez, elle me fait appeler; elle veut une réconciliation... Monsieur, quand nous vous demandons pardon, vous ne pouvez le refuser.

GIRAUDEAU.

Madame...

HORTENSE.

Oui... oui... c'est convenu... je me sauve... (*Elle entre chez madame Giraudeau.*)

SCENE X.

GIRAUDEAU, CARPENTIER.

GIRAUDEAU.

Quel trésor que cette femme-là!... ah! Carpentier, pourquoi ne l'ai-je pas connue avant toi?... Tu ne l'aurais pas épousée, je t'en réponds.

CARPENTIER.

Mon cher ami, les femmes sont ce qu'on les fait. Hortense n'a pas toujours été ce que tu la vois; mais depuis six mois elle a changé du tout au tout.

GIRAUDEAU.

Pourquoi la mienne ne change-t-elle pas?

CARPENTIER.

Parce que tu t'y prends mal : il faut te le dire, vois-tu; il y a une manière que tout le monde ne possède pas.

GIRAUDEAU.

Carpentier, tu es mon ami, mon meilleur ami; pour Dieu, si tu as découvert ce secret, donne-le-moi.

Air : *Venez, venez, troupe jolie.*

Ah! prends pitié de mon martyre!
Dis-moi donc qui te rend heureux?

CARPENTIER.

C'est que moi, mon cher, j'ai su dire
Dès le premier jour, je le veux.
J'ai su lui dire je le veux.

GIRAUDEAU.

Parbleu! comme toi, sur mon ame,
Je l'ai dit aussi... mais, hélas!
Dès ce premier jour-là, ma femme
M'a répondu : Je ne veux pa .

A dire vrai, je ne l'ai pas écoutée.

CARPENTIER.

Mais tu n'as pas continué, et quand on cède, quand on permet qu'il y ait deux volontés, il n'y en a bientôt plus qu'une... et on est mené par le bout du nez.

GIRAUDEAU.

C'est humiliant, Carpentier.

CARPENTIER.

Tu n'en es pas là; mais tu crains les querelles... tu te laisses influencer... tu n'es pas le maître enfin.

GIRAUDEAU.

Mais pas du tout : c'est-à-dire que ça en est ridicule... ah! c'est comme ça ? eh bien! je me monte la tête. Ton bonheur m'empêchait de dormir, j'en serais devenu fou... je veux être heureux comme toi, autant que toi, et je le serai... et tout de suite. Je cherchais une occasion, je la tiens!... ce bal, ce soir... tu sais?.. elle compte y aller; je vais lui déclarer que, vu l'accident qui l'a tant divertie tout à l'heure, je ne veux plus qu'il soit question de ce bal : elle se fâchera, s'emportera, pleurera même; je serai comme un roc.

CARPENTIER.

Très bien.

GIRAUDEAU.

Ah! tu verras!

CARPENTIER.

Ça te réussira comme à moi.

GIRAUDEAU.

Certainement. J'étais trop bon .. trop bête... il faut se faire craindre.

CARPENTIER.

Ces dames reviennent... du courage !

GIRAUDEAU.

Sois tranquille , je suis en train.

SCENE XI.

GIRAUDEAU, CARPENTIER, HORTENSE, LOUISE, MARIE, *portant une robe de bal.*

HORTENSE.

Allons, ma chère amie, calmez-vous; c'est un malheur facile à réparer. (*à Marie.*) Portez cette robe dans mon apparte-
Pourquoi?

ment. (*Marie sort.*) (*à Louise.*) Vous viendrez vous habiller chez moi.

LOUISE.

Ah! mon Dieu! que je suis à plaindre!

HORTENSE.

Vous êtes un enfant.

GIRAUDEAU, *bas à Hortense.*

Eh bien?

HORTENSE.

Ah! (*bas à Giraudeau.*) Je lui ai parlé : elle est fâchée de ce qui s'est passé ; de votre côté, soyez assez généreux pour l'oublier... C'est un tort sans doute.

GIRAUDEAU

Mais pourquoi n'en avez-vous jamais, madame ?

CARPENTIER, *bas à Giraudeau.*

De la dignité!... de la fermeté!... de la fierté !..

HORTENSE.

Allons, monsieur, je me suis promis de vous raccommoder, d'abord.

CARPENTIER.

Ma chère amie, notre place n'est pas ici... tu dois avoir des apprêts à faire pour ta toilette, viens.

HORTENSE.

Cependant, j'aurais désiré...

CARPENTIER, *plus impérativement.*

Viens !

HORTENSE.

Oui, mon ami.

GIRAUDEAU.

Il n'a qu'un mot à dire... on fait tout ce qu'il veut.

CARPENTIER, *revenant à Giraudeau.*

De la dignité!...

GIRAUDEAU.

Laisse-moi donc tranquille.

CARPENTIER, *sortant avec sa femme.*

Venez, madame.

SCENE XII.

GIRAUDEAU, LOUISE.

GIRAUDEAU.

Est-il heureux!... il m'aurait fallu, à moi, pour emmener madame Giraudeau, un quart-d'heure de prières, et encore n'en serais-je pas venu à bout. C'est qu'elle est entêtée !... Au fait, madame Carpentier avait raison... elle paraît affligée...

LOUISE.

Ces choses-là n'arrivent qu'à moi !

GIRAUDEAU.

A qui la faute, madame ?

LOUISE.

Savais-je qu'on me comprendrait si mal?

GIRAUDEAU.

Vos actions sont si peu réfléchies !... vous mettez tant de légèreté dans vos paroles...

LOUISE.

Eh bien ! oui... j'ai peut-être eu tort... j'en suis assez punie... tout à l'heure j'étais au désespoir. (*Marie reparait.*) Marie, madame Carpentier a-t-elle reçu le Journal des Modes que lui envoie tous les jours la tante de monsieur de Ferrière ?

MARIE.

Non, madame.

LOUISE.

Dès qu'il arrivera, apportez-le-moi. Je dois l'avoir la première... elle me l'a promis. La première, entendez-vous ? (*Marie sort.*)

GIRAUDEAU.

A merveille, madame ! Il paraît que votre chagrin ne sera ni bien long ni bien dangereux.

LOUISE.

Madame Carpentier s'est chargée de tout arranger.

GIRAUDEAU.

Madame Carpentier a eu tort, et la tâche qu'elle s'est imposée est peut-être plus difficile qu'elle ne le pense.

LOUISE.

Oh! mon Dieu non ! rien n'est plus aisé... avec un coup de ciseaux...

GIRAUDEAU.

Hein?... qu'est-ce que vous dites ?...

LOUISE.

Eh ! oui, sur le côté.

GIRAUDEAU.

Un coup de ciseaux... à qui ?...

LOUISE.

A ma robe que j'avais bien recommandé de laisser ouverte, j'en suis sûre, comme celle que j'ai vue au dernier bal de madame Deschamps. C'est si joli avec une guirlande...

GIRAUDEAU.

Une guirlande !... une... Imbécile qui pensais être pour quelque chose dans cette tristesse !...

LOUISE.

Toi!... et pourquoi ?

GIRAUDEAU.

Vous le demandez, après votre scandaleuse conduite de tantôt ?

LOUISE.

Ah! tu ne m'en veux plus, n'est-ce pas ? le danger était passé, et malgré moi .. (*Elle sourit.*) Ne parlons plus de cela, je t'en prie... pardon... là !... je te demande pardon...

GIRAUDEAU.

Non... non... riez encore, vous en avez envie: ne vous contraignez pas, madame; mais moi, qui ne vois rien de plaisant dans cette aventure, je me permettrai dorénavant de ne pas céder si facilement à vos fantaisies; je sais ce qu'il en coûte.

LOUISE.

Mon ami !...

GIRAUDEAU.

Et, comme je ne suis pas aujourd'hui dans une veine de bonheur, qu'il pourrait encore m'arriver quelque accident, vous trouverez bon, madame, que nous n'allions pas ce soir au bal.

LOUISE.

Y penses-tu ?

GIRAUDEAU.

Oui... oui... j'y pense : d'ailleurs je suis souffrant, moi... je suis malade... je suis blessé.

LOUISE.

Je voulais envoyer chercher le docteur; vous vous y êtes opposé.

GIRAUDEAU.

Parbleu! je n'ai rien de cassé, mais je sens des meurtrissures... Enfin, je ne veux pas sortir, je veux que nous restions ici. Je vous le demande, je vous en prie, il me semble que cela devrait suffire.

LOUISE.

Eh! mon Dieu! monsieur, je vous obéirai; mais puisque vous vous sentez indisposé, mettez-vous au lit.

GIRAUDEAU.

Du tout... je ne veux pas me coucher, je suis mieux debout.

LOUISE.

Alors, monsieur, permettez-moi de vous le dire, voilà un étrange caprice. Vous seriez aussi bien dans une salle de bal.

GIRAUDEAU.

C'est possible, mais je ne veux pas en faire l'essai.

LOUISE, *le caressant.*

Mon petit Isidore!... oh! si je t'en priais bien...

GIRAUDEAU.

Non... encore une fois, non... c'est inutile; nous n'irons pas.

LOUISE.

Savez-vous que c'est affreux ce que vous faites?

GIRAUDEAU.

Ne vous figurez pas que je vais vous céder encore... Je l'ai fait ce matin pour la dernière fois.

LOUISE.

Ah! monsieur!... je ne vous ai jamais vu de cette humeur.

GIRAUDEAU.

C'est que je suis las d'être contrarié, à la fin.

LOUISE.

Ne dirait-on pas que vous êtes malheureux avec moi?

GIRAUDEAU.

Eh bien! oui, madame: je suis resté deux ans sans m'en apercevoir... je vivais content, j'en conviens, faisant tantôt vos volontés, tantôt les miennes, plus souvent les vôtres. Mais depuis qu'il y a deux ménages dans la maison, j'ai vu combien on pouvait être plus heureux que moi. Je veux commander comme Carpentier: je veux être obéi comme Carpentier. Je veux qu'on m'aime, qu'on me caresse, qu'on me dorlotte, qu'on me bichonne, comme Carpentier; je veux être gras comme Carpentier. Car enfin, pourquoi n'aurait-on pas pour moi les soins qu'on a pour lui? pourquoi sa femme obéit-elle à toutes ses fantaisies?

LOUISE.

Parce qu'elles sont moins extravagantes que les vôtres, sans doute.

GIRAUDEAU.

Madame...

LOUISE.

Ou qu'il sait les faire oublier par des égards, de l'amabilité... parce qu'il ne vous ressemble pas, enfin.

GIRAUDEAU.

Madame, ce sont des personnalités. J'ai la tête montée, je suis violent, je vous en avertis.

JOSEPH, *annonçant.*

Monsieur de Ferrière.

GIRAUDEAU.

Je n'y suis pas... qu'est-ce qu'il me veut?

JOSEPH.

Il a attendu monsieur et madame devant le carré de Marigny jusqu'à présent, et il vient tout inquiet s'informer de leur santé.

GIRAUDEAU.

Je n'y suis pour personne.

LOUISE.

Mais vous ne pouvez refuser de le recevoir.

GIRAUDEAU, *à Joseph.*

M'entendez-vous ? (*Joseph sort.*)

LOUISE.

En vérité, votre conduite est d'une impolitesse !...

GIRAUDEAU.

Vous trouvez ?

LOUISE.

Il est impossible maintenant que vous n'alliez pas à ce bal : Monsieur de Ferrière nous a attendus une partie de la journée : il faut que vous le voyiez, que vous lui fassiez vos excuses.

GIRAUDEAU.

Il sera temps demain.

LOUISE.

Je ne vous comprends pas, monsieur : c'est donc uniquement pour me contrarier que vous refusez de m'accompagner ce soir ?

GIRAUDEAU.

Non, madame.

LOUISE.

Pour me rendre malheureuse ? Eh bien ! soyez content, monsieur, vous y avez parfaitement réussi, car cette humeur à laquelle je ne suis pas habituée, ces emportemens sans motif, qui me font rougir pour vous, m'affligent et me blessent à un point... Ah ! monsieur ! que vous ai-je fait pour être traitée ainsi ?

GIRAUDEAU.

Il me semble, madame...

LOUISE.

J'avais cru que, dans un ménage, il suffisait de s'aimer pour être heureux; que nous autres femmes, quand notre conduite est irréprochable, nous pouvions montrer quelque exigence, peut-être : je me trompais...Il faut que nous soyons vos esclaves, vos victimes. Eh bien ! monsieur, vous ne me trouverez plus de torts désormais. Je ne manifesterai aucun désir; vos volontés seront les miennes; je me tairai, je vous obéirai... mais je ne vous aimerai plus, je vous en avertis.

GIRAUDEAU, *ému.*

Madame Giraudeau...

LOUISE.

Non; il faut que ça soit ainsi maintenant... Ah ! mon Dieu ! que je suis malheureuse !...

SCENE XIII.

GIRAUDEAU, LOUISE, CARPENTIER.

CARPENTIER, *de la porte de son appartement.*

Madame, ma femme vous attend pour essayer votre robe de bal.

LOUISE, *sanglotant.*

J'y vais, monsieur, merci. Savez-vous si elle l'a arrangée ?

CARPENTIER.

Je l'ignore.

LOUISE, *à Giraudeau.*

Vous n'avez plus rien à me dire, monsieur? vous n'avez plus de chagrin à me faire? Je vais m'habiller, despote.

(*Elle entre chez Carpentier.*)

SCENE XIV.

GIRAUDEAU, CARPENTIER.

CARPENTIER.

Eh bien ?

GIRAUDEAU, *pleurant.*

Eh bien! ça ne m'a pas réussi.

CARPENTIER.

C'est étonnant !

GIRAUDEAU.

Mais pas du tout... Je suis encore plus malheureux qu'auparavant. Et puis elle pleure ; moi, ça me fait mal.

CARPENTIER.

Oh! oui, ces choses-là font toujours de la peine.

GIRAUDEAU.

Tiens, vois-tu ? je suis fâché de m'être emporté comme ça. Ce sont tes conseils qui m'ont fait faire cette bêtise.

CARPENTIER.

Hein ?... qu'est-ce que tu dis ?...

GIRAUDEAU.

Certainement. Tu es venu ici me monter la tête, me faire un étalage de ton bonheur, de ton autorité. Qu'est-ce que ça me fait à moi que tu sois heureux? Qu'est-ce que ça me fait que ta femme ne te contrarie jamais? La mienne me contrarie, et ça me va, et je suis content.

CARPENTIER.

Eh bien! eh bien !...

GIRAUDEAU.

Et tu es un imbécille!

CARPENTIER.

Giraudeau, tu méconnais ton ami.

GIRAUDEAU.

Ah! bah! tu as toujours eu le défaut de te mêler de ce qui ne te regarde pas; c'est un bien vilain défaut, Carpentier.

CARPENTIER.

Par exemple, c'est trop fort! N'est-ce pas toi qui, le premier, es venu m'étourdir de tes plaintes? Ne m'as-tu pas poursuivi cent fois, avec tes : Pourquoi ça se passe-t-il de telle façon dans ton ménage? Pourquoi n'est-ce pas comme ça dans le mien?... Eh bien! veux-tu que je te dise pourquoi? car enfin je ne veux pas me laisser molester de la sorte. Que diable! tu me pousses à bout!... C'est parce que ta femme ne t'aime pas.

GIRAUDEAU.

Carpentier...

CARPENTIER.

Non, elle ne t'aime pas; j'en ai peur.

GIRAUDEAU, d'une voix éteinte,

Oh! cruel ami! tu me fais bien mal... Elle ne m'aime... Mais il faut m'en donner la preuve.

CARPENTIER.

La preuve, c'est que tu n'es pas heureux et que je le suis.

GIRAUDEAU, avec mélancolie.

Ami, tu as désenchanté ma vie. Enfin, s'il est vrai que ma femme ne m'aime pas... c'est vexant de se dire ces choses-là...ce n'est ni par de la colère ni par des querelles que je la ramènerai, mais en ayant pour elle des soins, des égards.

CARPENTIER.

Oh! si tu manques de soins, je ne m'étonne pas... Moi, je n'en ai pas souvent, mais j'en ai. Par exemple, tiens : madame Carpentier va ce soir au bal. Eh bien! je vais adroitement envoyer chercher chez madame... tu sais... chez madame... enfin, c'est égal... ici à côté...la fameuse marchande de fleurs que nous a indiquée M. de Ferrière. Je vais, dis-je, envoyer chercher chez elle un joli bouquet et je l'offrirai à mon épouse. C'est peu de chose, mais ça attache une femme... Où vas-tu, cher ami?

GIRAUDEAU.

Acheter quelque chose à la mienne.

CARPENTIER.

Quoi donc?

GIRAUDEAU.

Je ne sais pas... la première chose venue... tout ce que je trouverai...

CARPENTIER.

Écoute...

GIRAUDEAU.

Ne me retiens pas. De l'argent... j'en ai... bon! d'ailleurs on me connaît... Je reviens tout de suite... J'entre dans une boutique... j'envoie tout ici... La première en sortant. Adieu.

CARPENTIER.

Giraudeau, prends garde !... c'est un pâtissier !...

SCENE XV.

LES MÊMES, MARIE, *un journal à la main.*

GIRAUDEAU, *à Marie.*

Qu'est-ce que vous me voulez ?

MARIE.

Pardon; je croyais madame ici, et je lui apportais...

GIRAUDEAU.

Elle est chez madame Carpentier. Oh! quelle idée ! Donnez-moi ce journal.

MARIE.

Madame m'a bien recommandé de ne le remettre qu'à elle aujourd'hui.

GIRAUDEAU.

N'importe, donnez. Il vient bien tard.

MARIE.

La tante de M. de Ferrière l'envoie à l'instant; il a fallu me quereller pour l'avoir. On allait le porter chez madame Carpentier, comme de coutume.

GIRAUDEAU.

C'est bon ! laissez-nous. (*Marie sort.*)

SCENE XVI.

GIRAUDEAU, CARPENTIER.

GIRAUDEAU.

Mon ami, je suis enchanté d'avoir ce journal avant elle. C'est une bonne occasion, et voilà mon idée toute trouvée.

(*Il ouvre le journal.*)

CARPENTIER, *à part.*

Ce pauvre Giraudeau ! il n'a pas de tact, il n'a pas ce qu'il faut. (*haut.*) Eh bien ?..: Ah! mon Dieu! comme ta figure se décompose ! Est-ce que tu ne trouves pas ce que tu cherches ?

GIRAUDEAU.

Au contraire... je trouve... Qu'est-ce que c'est que ça ?

CARPENTIER.

Le Journal des Modes, je suppose.

Pourquoi?

GIRAUDEAU.

Qu'est-ce que c'est que ça ?

CARPENTIER, *qui s'est approché.*

Un billet !...

GIRAUDEAU.

Écrit au crayon.

CARPENTIER.

Je n'ai pas mes lunettes.

GIRAUDEAU.

D'où vient que je n'ose lire ?... que je tremble ? Une sueur froide me saisit. Carpentier...

CARPENTIER.

Écrit au crayon... (*Ils se regardent quelque temps.*)

GIRAUDEAU.

Cette écriture m'est connue.

CARPENTIER.

Bah !

GIRAUDEAU.

C'est celle de M. de Ferrière.

CARPENTIER.

Oh ! oh ! attends, je vais chercher... (*Giraudeau le retient.*)

GIRAUDEAU.

Et madame Giraudeau voulait avoir ce journal la première !

CARPENTIER.

C'est vrai !

GIRAUDEAU.

Voyons. (*Il lit.*) « Je vous ai attendue toute la matinée. » (*parlant.*) Il nous a attendus en effet.

CARPENTIER.

Oui, il vous a attendus.

GIRAUDEAU, *lisant.*

« J'ai craint que vous ne fussiez indisposée. »

CARPENTIER.

Hein ?

GIRAUDEAU.

Indisposé... e.

CARPENTIER.

Au féminin ?..

GIRAUDEAU.

Au féminin. (*lisant.*) « Voilà cinq jours passés sans nous voir. La contrainte que vous nous imposez est cruelle : je n'oserai vous parler dans la soirée. »

CARPENTIER.

Toujours au féminin ?

GIRAUDEAU.

Toujours. (*lisant.*) « Et cependant j'ai bien des choses à vous

dire. Il faut absolument que vous vous rendiez libre demain,
ne fût-ce qu'une heure. Vous le ferez si vous m'aimez. »

*(Moment de silence. Ils se regardent. Carpentier se jette dans les
bras de Giraudeau sans rien dire.)*

CARPENTIER.

Pauvre ami!..Giraudeau ! Eh bien ? qu'est-ce que tu as donc ?
Giraudeau ! Ah ! mon Dieu ! il se trouve mal ! une chaise, un
fauteuil ! *(Il approche une chaise, Giraudeau se laisse tomber de-
dans.)*

GIRAUDEAU.

Oh !

CARPENTIER.

Giraudeau! c'est moi, ton ami.

GIRAUDEAU.

Oh! un mouchoir, quelque chose!... *(Carpentier lui donne le
sien.)* quelque chose à déchirer.

CARPENTIER, *ramassant les morceaux.*

Qu'est-ce que tu fais donc ? un foulard superbe.

GIRAUDEAU.

Oh! Carpentier ! sais-tu te battre ?

CARPENTIER.

C'est possible ; je n'ai jamais essayé.

GIRAUDEAU.

Tu me vengeras.

CARPENTIER.

Hein ! qu'est-ce que tu dis ?

GIRAUDEAU.

Tu me vengeras, si je succombe. C'est un devoir ; et je suis
en droit de l'attendre de ton amitié.

CARPENTIER.

Allons donc ! est-ce que tu irais t'exposer...

GIRAUDEAU.

Trompé indignement par madame Giraudeau, par cet
homme !

CARPENTIER.

Quel bonheur que je ne l'aie pas reçu chez moi !

GIRAUDEAU.

J'avais en elle une confiance!.. il faut qu'une chose comme
ça m'arrive à moi. Ah! Carpentier!...

CARPENTIER.

Mon ami, du courage, tu n'es pas le seul.

AIR *vaudeville de Préville.*

GIRAUDEAU.

Non... mais tous deux nés au même pays,
Nos premiers ans se sont passés ensemble.
Nous vinmes ensemble à Paris ;

Plus tard nous avons fait notre fortune ensemble.

Le sort toujours qui voulut nous lier

Nous rendit amoureux ensemble ;

Ensemble il nous fit marier :

Il nous devait d'être... trompés ensemble.

CARPENTIER.

Giraudeau, tu vas me faire pleurer aussi.

GIRAUDEAU.

Et je ne me battrais pas !... Ne m'as-tu pas demandé si je me battrais ?

CARPENTIER.

Je te l'ai demandé tout à l'heure.

GIRAUDEAU.

Oh ! oui ! et à l'épée, et au pistolet, à bout portant, à mort ! C'est donc pour cela qu'elle voulait absolument recevoir M. de Ferrière ? qu'elle tenait tant à aller à ce bal ? la voilà la preuve qui va la confondre. (*lisant.*) « Vous le ferez si vous m'aimez... » et par *post-scriptum :* « Si vous consentez au rendez-vous, ayez ce soir, au bal, un bouquet de violettes ; j'ai tâché de vous en faire remettre un par une main qui ne peut éveiller de soupçons. » L'infâme !

CARPENTIER.

Est-ce qu'il y a encore quelque chose ?...

GIRAUDEAU.

Tiens, lis !

CARPENTIER.

Mais je n'ai pas... (*Il cherche à lire le billet que Giraudeau tient toujours.*

GIRAUDEAU, *gesticulant.*

Tu vois bien, il y a un signal. Oh ! je serai curieux de savoir si elle poussera l'audace jusque là ; il me faut cette dernière preuve... un signal ! Hein ? qu'en dis-tu ?

CARPENTIER.

Je dis qu'il paraît qu'il y a un signal.

GIRAUDEAU.

Elle ira au bal... Qu'elle y aille sans soupçons ; je serai là.

CARPENTIER.

J'entends ces dames. (*se jetant sur son ami.*) Mon ami, mon bon ami, de la prudence.

GIRAUDEAU.

Sois tranquille. (*replaçant le billet dans le journal.*) Je vais lui remettre moi-même ce journal.

CARPENTIER.

Y penses-tu ? dans l'état d'exaspération où tu es ? Mais tu ne te vois pas, mon ami.

GIRAUDEAU.

Laisse-moi.

CARPENTIER.

Giraudeau, mon ami, tu vas faire des imprudences : donne-moi ça ; je m'acquitterai mieux que toi de cette commission. Je suis calme, moi, je suis froid.

GIRAUDEAU, *lui donnant le journal.*

Eh bien ! oui. tiens...

CARPENTIER.

Giraudeau, je t'en prie, va-t-en.

GIRAUDEAU.

Viens me retrouver bien vite, car je me sens capable de faire quelque mauvais coup.

CARPENTIER.

Ah! mon Dieu! mon ami, mon cher ami! je t'en prie, sois bien sage.

Air *du siège de Corinthe.*

Va-t-en, va-t-en, je t'en conjure,
   Car ton désespoir me fait peur...
   On devinera l'aventure;
   Loin d'ici cache ta fureur.

GIRAUDEAU.

Ah! la voilà! cette infâme adultère!...
Si dans mes mains j'avais le séducteur.

(*Il prend Carpentier à la gorge.*)

   Dans ma colère...

CARPENTIER.

   Comme il me serre...
   Ce n'est pas lui ;
   Reconnais ton ami.

ENSEMBLE.

CARPENTIER.

   Va-t-en, va-t-en, etc.

GIRAUDEAU.

Je pars puisque l'on m'en conjure,
Car mon désespoir ferait peur.
On devinerait l'aventure ;
Loin d'ici cachons ma fureur.

(*Giraudeau sort furieux.*)

CARPENTIER.

Ce pauvre Giraudeau est dans un désespoir... je voudrais bien connaître cependant la fin du billet. (*Il essaie d'ouvrir le journal, les dames arrivent en ce moment.*) Oh !

SCENE XVII.

CARPENTIER, LOUISE, HORTENSE.

LOUISE.

Décidément, je la garderai comme cela.

CARPENTIER, *à part.*

Quelle tranquillité dans le crime !

LOUISE.

Ah ! monsieur Carpentier ! comment pas encore prêt ? où est donc mon mari ?

CARPENTIER, *d'un air sombre.*

Il s'habille, madame. (*à part.*) C'est assez adroit.

LOUISE.

Ah ! mon Dieu ! de quel air vous nous dites ça !

CARPENTIER.

Je ne crois pas avoir l'air plus risible qu'un autre. Voici le Journal des Modes.

LOUISE, *le prenant vivement.*

A moi d'abord.

CARPENTIER, *à part.*

Comme elle se trahit !

LOUISE.

Décidément, monsieur Carpentier, vous n'êtes pas en belle humeur aujourd'hui.

CARPENTIER.

Peut-être. (*Il sort.*)

SCENE XVIII.

LOUISE, HORTENSE, *puis* JOSEPH.

LOUISE.

Ma chère amie, qu'a donc votre mari, ce soir ? Je lui ai trouvé le regard sinistre.

HORTENSE.

En effet.

LOUISE.

Quelle singulière figure ! j'en rirais de bon cœur si monsieur Giraudeau ne m'avait pas rendue malheureuse toute la journée. (*avec un soupir.*) Il n'est pas aimable non plus, mon mari. (*riant.*) Ah ! ah ! ah ! ah ! c'est égal : il n'a pas encore une physionomie aussi extraordinaire que monsieur Carpentier.

HORTENSE.

Quel peut être le motif?..

LOUISE.

Faites comme moi, ma chère, ne vous tourmentez pas de

cela... vous voilà déjà toute effrayée; en vérité, vous êtes toujours en adoration devant votre mari, ça n'a pas le sens commun; vous l'aimez trop, ça l'a gâté et Giraudeau aussi; oui, vous êtes cause que nous avons eu une scène affreuse; il m'a fait pleurer. J'ai été bien bonne, n'est-ce pas?... Mais je cause et j'oublie le plus pressé. (*Elle ouvre le journal, et regarde la gravure qu'elle passe à Hortense.*) Oh! ma chère amie, exactement comme ma robe; c'est charmant.

HORTENSE, *d'un air distrait.*

Oui, oui.

LOUISE.

Un billet! comment se trouve-t-il là? Voyez donc, Hortense, une lettre!

HORTENSE.

Une lettre?

LOUISE.

Oui, dans ce journal. De qui peut-elle venir? Je ne connais pas du tout cette écriture.

HORTENSE.

Oh! mon Dieu!

LOUISE.

Faut-il lire, hein?

HORTENSE, *la retenant.*

Ma chère amie, il est peut-être indiscret...

LOUISE.

Il n'y a pas d'adresse, et ma foi, je suis curieuse. (*Elle lit.*) « Je vous ai attendue toute la matinée. »

HORTENSE.

Ciel!

LOUISE.

« J'ai craint que vous ne fussiez indisposée : voilà cinq jours « passés sans nous voir. La contrainte que vous nous imposez « est cruelle. Je n'oserai vous parler dans la soirée, et cependant « j'ai bien des choses à vous dire; il faut absolument que vous « vous rendiez libre demain, ne fût-ce qu'une heure. Vous le « ferez si vous m'aimez. »

HORTENSE.

Ma chère amie...

LOUISE.

« Si vous consentez au rendez-vous, ayez ce soir, au bal, un « bouquet de violettes. J'ai tâché de vous en faire remettre un « par une main qui ne peut éveiller de soupçons. » Pas de signature à ce singulier billet... qu'est-ce que ça veut dire?

HORTENSE.

Je... ne sais.

LOUISE.

Ah! mon Dieu! comme vous êtes pâle! Hortense, mon amie, qu'avez-vous?

HORTENSE.

Rien... rien...

LOUISE.

Mais, j'y pense! la figure de monsieur Carpentier, son air pénétré... est-ce qu'il aurait des soupçons? est-ce qu'il croirait que ce billet vous est adressé?

HORTENSE.

Oui... je crains en effet...

LOUISE.

Que vous êtes enfant! mais rien de plus facile que votre justification. Il faut aller trouver votre mari, lui donner cette lettre qui n'a pu être envoyée ici que par erreur; on saura facilement qui a apporté ce journal, on le rendra au messager maladroit et tout sera dit. Allons, rassurez-vous; à votre place, je serais bien calme, bien tranquille, car je ne craindrais pas qu'on m'apportât ce bouquet... ce perfide signal... « que doit « remettre une main qui ne peut éveiller de soupçons. » (*Joseph entre.*) Que voulez-vous, Joseph? et qu'apportez-vous là?

JOSEPH.

Ce bouquet de violettes que monsieur Carpentier m'a envoyé chercher pour madame.

LOUISE.

C'est étrange... Bien, Joseph, posez-le là et laissez-nous. (*Joseph sort.*) Plus de doute... il croit à cette lettre.

HORTENSE, *tombant sur un fauteuil.*

Je suis perdue...

LOUISE.

Hortense, ne dites pas cela.

HORTENSE.

Maintenant... vous savez...

LOUISE, *très vivement.*

Je sais... mon Dieu!... je ne sais rien; ce bouquet n'est, après tout, que la suite d'une épreuve, d'une erreur.

HORTENSE.

Non, c'est à moi...

LOUISE, *vivement.*

Que votre mari l'envoie? mais c'est égal: vous ne le mettrez pas, Hortense. Écoutez: ni vous ni moi n'avons ouvert ce journal; ni vous ni moi n'avons lu cette lettre... je l'ai oubliée, moi. Puis, comme il me manque un bouquet, comme je suis plus coquette que vous... je prends celui-ci... celui-ci, auquel vous ne tenez pas plus qu'à tout autre, n'est-ce pas, Hortense? et je le garderai toute la soirée.

HORTENSE.

HORTENSE.

Oui.

LOUISE.

Allons, voilà qui est arrangé... remettez-vous. (*d part.*) Ah ! mon Dieu ! mon Dieu ! (*apercevant les deux maris.*) Le voici.

SCENE XIX.

LOUISE, HORTENSE, GIRAUDEAU, CARPENTIER.

CARPENTIER, *bas.*

Contiens-toi, Giraudeau, tu me fais frémir.

GIRAUDEAU, *voyant le bouquet à la main de Louise.*

Elle le tient !

CARPENTIER.

Qu'est-ce qu'elle tient ? Eh non ! c'est un bouquet...

GIRAUDEAU.

Oui... un bouquet.

LOUISE, *affectant un air riant.*

Vous êtes restés plus long-temps que nous à votre toilette, messieurs.

GIRAUDEAU.

Oui

CARPENTIER.

Oui.

LOUISE.

Je parierais que c'est monsieur Giraudeau qui s'est fait attendre.

GIRAUDEAU.

C'est moi.

CARPENTIER.

C'est lui.

LOUISE.

J'en étais sûre... (*à part.*) Mon mari est dans la confidence.

GIRAUDEAU.

Il faut que nous soyons bien en retard, ou que ces dames soient bien impatientes de partir, pour qu'on se soit aperçu du temps que nous avons mis à nous habiller; n'est-ce pas, Carpentier ?

CARPENTIER.

C'est ce que je me disais aussi.

GIRAUDEAU.

Ah ! les minutes paraissent des heures quand on se promet autant de plaisir.

CARPENTIER, *bas.*

Tais-toi donc !

Pourquoi ?

GIRAUDEAU.

Mais rassurez-vous, mesdames...

CARPENTIER, *bas.*

C'est ça... parle au pluriel... ça vaudra mieux.

GIRAUDEAU.

Nous ne serons pas les derniers arrivés. (*Il sonne, Joseph paraît.*) Joseph! a-t-on demandé une voiture ?

JOSEPH.

Elle est en bas, monsieur.

GIRAUDEAU, *à part.*

J'étouffe.

LOUISE.

Mon ami, est-ce que vous êtes encore contrarié d'aller à ce bal ?

GIRAUDEAU.

Du tout. (*à Joseph.*) Mes gants... tout ce qu'il me faut... (*à Louise.*) Du tout... (*à lui-même.*) Oh! si quelqu'un me disait quelque chose!... Je voudrais que Joseph laissât tomber mon chapeau. (*à Joseph.*) Laisse tomber mon chapeau.

JOSEPH.

Paît-il ?

GIRAUDEAU.

Imbécile !

JOSEPH.

Monsieur ?

GIRAUDEAU.

Va-t-en! va-t-en!... tu me déplais. (*Joseph sort.*) Eh bien ! pourquoi ne partons-nous pas ?

LOUISE.

En vérité... nous paraissons tous si peu disposés à sortir...

GIRAUDEAU.

Pourquoi donc ? je suis gai, moi... je suis très gai... Carpentier aussi...

CARPENTIER.

Oui... oui...

GIRAUDEAU.

Je n'ai jamais été à un bal avec autant de plaisir... Ah ! je me promets de m'y amuser, par exemple... Il y aura beaucoup de monde... Nous prendrons place, Carpentier et moi, le long du mur, parmi les maris, qui font tapisserie pendant que les jeunes gens font danser leurs femmes... Il y en aura là de ces maris.... de toutes les classes.

CARPENTIER, *le tirant par l'habit.*

Giraudeau !

GIRAUDEAU.

Et de ceux qui sont trompés sans le savoir... et de ceux qu'on trompe et qui le savent...

CARPENTIER, *à part.*

Il n'y a plus moyen de l'arrêter.

LOUISE, *bas à son mari, désignant Carpentier.*

Prenez donc garde, mon ami.

GIRAUDEAU.

Pourquoi donc ?... Carpentier sait ce qu'il en est... Allons, prenez mon bras.

LOUISE, *à part.*

Je ne sais plus que penser.

HORTENSE, *à part.*

Que signifie ?...

CARPENTIER, *bas à sa femme.*

Je t'expliquerai ça.

GIRAUDEAU, *donnant le bras à Louise.*

C'est pour moi, n'est-ce pas, que vous vous êtes parée ainsi?... c'est pour me plaire ?...

LOUISE.

Qu'avez-vous, monsieur ?

GIRAUDEAU.

Et ce bouquet ?.. c'est pour moi aussi, madame ?

CARPENTIER, *bas à Hortense.*

Pourquoi as-tu donné mon bouquet ?

GIRAUDEAU.

Ce bouquet, que vous vous êtes empressée d'avoir, que vous ne pouvez quitter... ce bouquet... (*le lui arrachant.*) donnez-le donc, madame !.. Ah! le voilà... tenez !.. eh bien ! envoyez-en chercher un autre. (*Il lève le bras avec fureur pour le jeter à terre; Carpentier l'arrête.*)

CARPENTIER.

Un moment, cher ami; c'est celui de ma femme.

GIRAUDEAU.

Hein ?... comment?

CARPENTIER.

Et comme il est trop tard pour en avoir un autre, tu trouveras bon que je le rende à qui il appartient.

GIRAUDEAU.

Qu'est-ce que tu dis?

CARPENTIER.

Je dis que c'est le bouquet de madame Carpentier; il m'a été envoyé par la fameuse marchande que nous a indiquée M. de Ferrière.

GIRAUDEAU.

Monsieur de Fer... madame... ce journal! ce... (*lui sautant au cou.*) Ah! mon ami! mon cher ami!

CARPENTIER.

Il devient fou.

GIRAUDEAU.

Louise! Carpentier!

CARPENTIER.

Il se trouve mal!

GIRAUDEAU.

Non : la joie... le saisissement...

CARPENTIER.

Ah! çà, qu'est-ce qu'il a donc?

GIRAUDEAU, *après un temps.*

Comment? ce bouquet appartient...

CARPENTIER.

Parbleu! je le reconnais à toutes ces violettes; n'est-ce pas, ma bonne?

GIRAUDEAU, *s'avançant vers Hortense.*

Alors permettez-moi...

HORTENSE, *bas, laissant tomber le bouquet que Carpentier ramasse.*

Ah! monsieur!

GIRAUDEAU, *bas.*

Je ne sais rien, madame ; absolument rien.

LOUISE, *avec dépit.*

Monsieur Giraudeau!...

GIRAUDEAU.

Gronde-moi, ma bonne amie; mais consens à me pardonner quelques momens d'humeur, car à l'avenir je ne me plaindrai jamais des tiens.

CARPENTIER.

C'est charmant; mais je n'y comprends plus rien. Voyons, partons-nous enfin?

LOUISE.

Monsieur Carpentier, votre femme est souffrante.

HORTENSE.

Oui... je ne me sens pas bien.

LOUISE.

Et je crois que décidément nous ferons mieux de rester.

CARPENTIER.

Qu'as-tu, chère amie?... oh! ce ne sera rien.

LOUISE.

Restons, je vous en prie.

CARPENTIER.

Elle était bien tout à l'heure... c'est singulier... (*bas à sa femme.*) Est-ce que vous allez devenir comme madame Giraudeau ?.. c'est que ça ne me conviendrait pas du tout.

GIRAUDEAU.

Allons, Carpentier, prends ton parti : tu ne danses pas ?

CARPENTIER.

Non, mais je me promettais de m'amuser. Enfin, puisque madame est malade...

GIRAUDEAU.

Tiens! pour te dédommager, nous partirons demain tous quatre pour la campagne. Ta femme a besoin de changer d'air... la mienne aussi.

CARPENTIER.

A la bonne heure! (*à Giraudeau.*) Te voilà calmé, cher ami. J'espère qu'à l'avenir tu me laisseras tranquille et que tu ne viendras plus m'ennuyer de tes pourquoi ?

GIRAUDEAU.

Non; je sais à quoi m'en tenir à présent.

ENSEMBLE.

AIR : *Vaudeville des Chemins de fer.*

GIRAUDEAU.

Pour moi quel dénoûment prospère !

LOUISE.

Pour nous quel dénoûment prospère !

CARPENTIER.

Pour lui quel dénoûment prospère !
Non, jamais de soupçons jaloux ;
Ainsi, le bonheur, je l'espère,
Reviendra bientôt parmi nous.

GIRAUDEAU *seul.*

Plus d'un ménage, je suppose,
Des deux nôtres subit la loi ;
Mais s'il en ignore la cause....
Ici nous lui dirons pourquoi.

ENSEMBLE.

GIRAUDEAU.

Pour moi quel dénoûment prospère! etc.

LOUISE.

Pour nous quel dénoûment prospère! etc.

CARPENTIER.

Pour lui quel dénoûment prospère! etc.

FIN.

PIÈCES NOUVELLES
Publiées par Barba.

GUSTAVE III, ou le Bal masqué, opéra historique en 5 actes, paroles de M. Scribe.

ROBERT-LE-DIABLE, opéra en 5 actes, par MM. Scribe et G. Delavigne.

LOUIS XI, tragédie en 5 actes et en vers, par M. Casimir Delavigne.

LA TENTATION, ballet-opéra en 5 actes, 3ᵉ édition.

LE PRÉ AUX CLERCS, opéra-comique en 3 actes.

LA MÉDECINE SANS MÉDECIN, opéra-comique en 1 acte, par MM. Scribe et Bayard.

LA MARQUISE DE BRINVILLIERS, drame lyrique en 3 actes, par MM. Scribe et Castil-Blaze.

DIX ANS DE LA VIE D'UNE FEMME, ou les Mauvais Conseils, drame en 5 actes, par MM. Scribe et Terrier.

LE SERMENT, opéra en 3 actes, par MM. Scribe et ***.

CLARISSE HARLOWE, drame en 5 actes, en prose.

CLOTILDE, drame en cinq actes; 2ᵉ édition.

LA TOUR DE NESLE, drame en 5 actes et en 9 tableaux.

BERGAMI et la reine d'Angleterre, drame 5 act., 6 tabl.

JACQUES CLÉMENT, drame en 5 actes, de M. d'Epagny.

RICHARD DARLINGTON, drame en trois actes, en prose; précédé de la Maison du Docteur, prologue; par M. Alexandre Dumas.

CAMILLE DESMOULINS, drame en 5 actes.

LES PRÉVENTIONS, comédie en un acte.

JOSCELIN ET GUILLEMETTE, comédie en un acte, avec un prologue, par M. d'Epagny.

LA CAMARGO, ou l'Opéra en 1760, com. vaud. 4 actes.

SOPHIE ARNOULD, comédie en 3 actes, mêl. de coup.

LE CAMARADE DE LIT, vaudeville en 2 actes.

FAUBLAS, comédie en cinq actes, mêlée de chants.

UN DUEL SOUS RICHELIEU, drame en 3 actes, mêlé de couplets, de MM. Lockroy et Badon; 2ᵉ édit.

LA GAGÉURE DES 3 COMMÈRES, vaud. grivois en 5 actes.

VERT-VERT, comédie-vaudeville en trois actes.

LA FERME DE BONDI, ou les deux Réfractaires, épisode de l'Empire, en quatre actes.

LA CHIPIE, com.-vaud. 1 acte, par MM. Bayard et Varner.

Mᵐᵉ GIBOU ET Mᵐᵉ POCHET, ou le Thé chez la Ravaudeuse, pièce grivoise en trois actes, mêlée de couplets.

LA CHANTEUSE ET L'OUVRIÈRE, vaudeville en 4 actes.

LE CHARPENTIER, ou Vice et Pauvreté, v. pop. 4 actes.

CHABERT, histoire contemporaine en deux actes, vauder.

SARA, ou l'Invasion, conte allemand en deux act., vaud.

LA PRISE DE VOILE, drame en deux actes, vaudev.

GRILLO, ou le Prince et le Banquier, com. vaud. en 2 act.

LOUIS-BRONZE et le Saint-Simonien, parodie de Louis XI, en 3 actes et en vers burlesques.

SOPHIE ET MIRABEAU, ou 1773 et 1789, comédie-vaudeville en 2 actes.

UNE LEÇON D'ÉGALITÉ, ou le Grand Seigneur et la Paysanne, comédie en 2 actes, vaudev.

CRÉDEVILLE, vaud. en 2 actes.

TIGRESSE-MORT-AUX-RATS, ou Poison et Contrepoison, comédie en quatre doses et en vers.

LA REDINGOTE DU MARÉCHAL, pièce anecdotique en un acte, mêlée de couplets.

SCARAMOUCHE, ou la Pièce interrompue, anecdote de 1669, en 2 actes, mêlée de couplets.

MADAME LAVALETTE, drame historique en deux actes.

L'HOMME QUI BAT SA FEMME, tableau populaire en un acte, mêlé de couplets.

TROIS TÊTES DANS UN BONNET, scènes épis. en vaud.

LES APPARTEMENS à louer, vaud. en 1 acte et en 5 tabl.

LE PETIT-SOUPER, ou Louis XV et le régent, vaudev. en un acte.

LA FÉE AUX MIETTES, roman imaginaire, vaudev.

LA RENTE VIAGÈRE, comédie-vaudeville en un acte..

LA MOUSTACHE DE JEAN BART, vaud.-anecd. en 1 acte.

A 21 ANS! ou l'Agonie de Schœnbrünn, drame en 1 acte.

LA TENTATION DE MAITRE ANTOINE, vaudeville.

LE SÉNATEUR, comédie-vaudeville en un acte.

RABELAIS, ou le curé de Meudon, comédie-vaudeville.

LE DEY D'ALGER, com. en 1 acte, en pr., mise en vaud.

LA NUIT DE NOEL, tradition allemande.

MONSIEUR MAYEUX, ou le Bossu à la Mode, vaudeville en deux actes.

UNE COURSE EN FIACRE, coméd.-vaud. en 2 actes.

LE GUÉRILLAS, vaudeville en un acte.

VOLTAIRE CHEZ LES CAPUCINS, vaudeville.

LE MORT SOUS LE SCELLÉ, folie en 1 acte, mêl. de coupl.

LES DEUX MONDES, parade en 2 actes, mêl. de coupl.

LANTARA ET DORVIGNY, vaudeville en un acte.

LE CHEVREUIL, comédie-vaudeville en trois actes.

CARLIN A ROME, souvenir historique en un acte.

LES BOUCLES D'OREILLE, comédie-vaudeville.

LA SOEUR CADETTE, comédie en un acte, en vers.

FIFI LECOQ, ou une Visite domiciliaire.

L'AMPHIGOURI, salmis dramatique en quatre actions.

LA POUPÉE, comédie-vaudeville.

DOMINIQUE, ou la Brouette du Vinaigrier, drame de Mercier, remis en un acte, avec des couplets de M. Brazier.

LE FILS DU SAVETIER, vaud. en 1 acte.

LE SAVETIER DE TOULOUSE, drame en 4 actes.

SOPHIE, ou le Mauvais Ménage, drame en trois actes.

HAN D'ISLANDE, mélodrame en 3 actes et en 8 tableaux.

PAUL Ier, drame historique, en 3 actes et en prose.

LES QUATRE SERGENS DE LA ROCHELLE, mélodrame en trois actes.